선생님이 만든

좔좔 글읽기

. . . .

4권 우리들은 자란다

선생님이 만든 좔좔 글읽기

4권 우리들은 자란다

초판 1쇄 2019년 5월 15일
초판 2쇄 2022년 3월 10일

지은이 서울경인특수학급교사연구회

펴낸이 방영배
디자인 강민재
펴낸곳 다음생각

주소 경기도 고양시 일산동구 중앙로 1261번길 19 호수광장빌딩 204호
전화 031-903-9107 **팩스** 031-903-9108 **이메일** nt21@hanmail.net
출판등록 2009년 10월 6일 제 2019-000144호
인쇄·제본 현문자현 **종이** 월드페이퍼
ISBN 978-89-98035-55-6(64700)

책이 나오기까지

〈서울경인특수학급교사연구회〉는 통합교육과 특수교육의 여건이 제대로 마련되지 않았던 90년대 초에 서울, 경기, 인천의 초등학교 특수학급 교사들이 모인 이래 지금까지 계속되고 있는 연구 모임입니다. 그동안 함께 모여 공부하고 올바른 교육의 방향에 대해 고민하면서 새로운 통합 프로그램 등을 만들어 보급해 왔습니다. 어떻게 하면 좋은 수업을 할 수 있을지 연구하여 여러 가지 수업 자료를 개발하기도 했습니다. 『선생님이 만든 좔좔 글읽기』도 이런 고민과 연구 과정을 거쳐 나온 책입니다.

읽기를 배우는 데 오랜 시간이 걸리는 아이들의 경우 좋은 교재와 다양한 방법으로 가르쳐야 함에도 마땅한 자료와 프로그램이 없어 고민이 많았습니다. 그래서 연구회 교사들은 2010년부터 국어 교육에 관한 연수를 들으며 국어 교육과정을 분석하고 국어의 각 영역별 목표 체계를 정리했습니다. 회원들이 각자의 국어 수업 사례를 발표하며 좋은 국어 수업 방법에 대해 고민한 끝에 2012년에 읽기 이해력 향상을 위한 자료를 만들었습니다. 총 25명의 현장 교사들이 직접 글을 쓰고, 읽기 이해 문제와 관련 활동지를 만들었습니다. 이 읽기 교재를 수업에 활용해 보니 아이들이 흥미 있게 수업에 참여하고 독해력이 향상되는 것을 알 수 있었습니다. 그동안 아이들에게 맞는 자료를 일일이 수정해 만드느라 애썼던 선생님들도 이 자료를 활용해 훨씬 수월하게 활동적인 수업을 할 수 있었다고 합니다.

이 책을 출판하기까지 많은 시간과 노력이 필요했습니다. 그 과정에서 여러 사람들에게 도움을 받았습니다. 덕원예고에서 미술을 전공하는 학생들이 약 1,200컷의 그림을 정성껏 그려 주어 책의 내용이 더욱 풍부해졌습니다. 그리고 도서출판 〈다음생각〉에서 의미 있는 결정을 내려 준 덕분에 이 책이 만들어질 수 있었습니다. 자원봉사로 수고해 준 덕원예고 학생들과 편집 작업에 애써 준 〈다음생각〉 출판사 분들께 깊은 감사를 드립니다.

여러 아이들의 다양한 특성에 맞는 단 하나의 교재란 있을 수 없습니다.
다만 『선생님이 만든 좔좔 글읽기』가 특수학급, 특수학교, 또 다른 교육 현장에서 국어 수업을 좀 더 풍요롭게 할 수 있는 자료가 되면 좋겠습니다. 아이들이 이 책으로 재미있게 공부할 수 있기를 바랍니다.

서울경인특수학급교사연구회

책의 특징

우리나라 아이들은 일찍부터 한글을 배우기 시작하여 초등학교에 들어가기 전에 이미 글을 줄줄 읽는 경우가 많습니다. 이를 반영하듯 초등학교 국어 교과서는 처음에 낱자 학습 및 단어 읽기를 다루다가 난이도가 급격히 높아집니다. 1학년 1학기 말쯤 되면 실제로 10문장 이상의 긴 글을 읽을 수 있어야 수업을 따라갈 수 있습니다. 한글을 깨치지 못한 상태로 입학하는 아이들의 경우 국어 수업에서 어려움을 겪을 수밖에 없습니다. 따라서 이제 막 문장 읽기를 시작하여 글을 유창하게 읽고 이해하는 데까지 많은 시간이 걸리는 학생들의 특성을 고려한 적합한 교재가 필요합니다.

이 교재는 학생의 연령에 맞는 좋은 문장으로 학습자의 속도에 맞게 읽기 이해력을 높일 수 있도록 개발하였습니다. 읽기를 배우는 데 오래 걸리는 아이들도 좋은 글을 읽고, 글에서 정보를 얻고, 글을 읽는 즐거움을 가질 수 있게 하고자 합니다.

1. 짧은 글을 읽고 내용을 이해할 수 있도록 다양한 활동으로 구성했습니다. 문장 읽기 수준에 있는 학생들은 누구나 이 책으로 독해 공부를 할 수 있습니다. 특수학급이나 특수학교에 재학하는 초·중·고 학생, 읽기에 어려움을 가지고 있는 학습 부진 학생, 한글을 배우기 시작하는 다문화 학생이나 재외교포를 대상으로 하는 한글교실에서도 사용할 수 있습니다.

2. 각 단계는 읽기 이해의 수준별로 분류해 제작하였습니다. 1단계의 목표는 1~2문장을 읽고 이해하는 것이며 마지막 4단계의 목표는 글의 구조를 이해하는 것입니다. 단계에 따라 글의 길이, 문장과 어휘의 난이도, 질문의 난이도가 높아집니다.

3. 다양한 종류의 글을 접하도록 제시하였습니다. 생활글, 실용적 정보를 주는 글, 문학 작품(시, 이야기), 노랫말, 일기, 설명글 등 다양한 글을 통해 읽기 이해력을 높이도록 하였습니다. 초등국어교육과정의 목표와 내용체계를 고려하였고 초등교육과정에서 다루는 주제를 선정하여 교사들이 직접 글을 썼습니다. 그림책이나 시와 같은 문학 작품을 선정한 경우에는 진문을 제시하여 학생들이 문학 작품 전체를 느끼도록 하였습니다. 실생활에서 정보를 주는 글을 바로 읽고 활용할 수 있도록 실용글 읽기를 제시했습니다.

4. 읽기 이해 능력을 중심으로 접근하지만 듣기, 말하기, 쓰기를 함께 배울 수 있도록 다양한 활동을 제시하였습니다. 읽기 이해 능력은 읽기 기술만을 따로 가르치는 것에 의해 향상되지 않으며 다른 영역과 총체적으로 접근하는 것이 바람직하기 때문입니다. '글마중, 신나는 글 읽기, 이야기 돋보기, 낱말 창고, 우리말 약속, 뽐내기'라는 꼭지를 두어 활동적인 수업이 되도록 제시하였습니다.

5. 읽기를 천천히 배우는 아이들의 특성을 고려하여 충분히 공부할 수 있도록 단계를 세분화하였습니다. 학생들의 연령과 특성에 맞게 선택하여 제시할 수 있도록 같은 수준의 자료를 다양하게 준비하였습니다.

책의 구성

'글마중'에는 배워야 할 전체 본문을 제시했습니다. 읽기가 서툴러 짧은 글을 읽는 아동이라 하더라도 국어 교육 목표에 따라 문학 작품 등을 부분만 제시하는 것은 바람직하지 않습니다. 아직 술술 읽는 것이 어렵지만 읽기를 재미있게 받아들일 수 있도록 완성도 있는 짧은 글을 그림과 함께 제시하였습니다.

'신나는 글 읽기'에서는 본문의 내용을 쉽게 파악할 수 있도록 글에 관련된 여러 활동을 제시하였습니다. 다양한 방법으로 읽기, 그림으로 전체 내용 파악하기, 내용과 관련된 듣기·말하기 활동 등으로 구성되어 있습니다. 이 꼭지를 통해 아이들은 읽기 활동을 재미있게 느낄 것입니다.

'이야기 돋보기'는 문장의 구조를 활용하여 내용을 파악하기 위한 반복적인 연습문제로 구성되어 있습니다. 본문의 문장을 나누어 제시하고 글의 내용에 관한 질문에 답하도록 문제를 제공하였습니다. 단계에 따라 문장의 길이, 문제의 난이도, 단서 수준, 답을 쓰는 방법을 달리하였습니다.

'낱말 창고'에서는 본문에 있는 낱말 중 어려운 낱말을 선정하여 낱말 뜻 익히기나 쓰기 활동, 맞춤법, 어휘 관련 활동을 제시하였습니다. 본문의 낱말과 관련된 여러 어휘를 제시하여 어휘력 향상을 꾀하였습니다.

'뽐내기'는 본문과 관련된 다양한 쓰기와 표현 활동으로 구성하였습니다. 반복적인 쓰기 연습만으로는 아이들 스스로 쓰기 표현을 즐길 수 없습니다. 글마중의 내용과 관련된 쪽지도 쓰고, 그림도 그리고, 만들기도 하면서 쓰기를 즐겁게 느낄 것입니다. 1단계에서 문장 완성하기부터 시작하여 마지막 단계에서는 글의 주제와 종류에 따라 글을 쓰는 방법까지 다루게 됩니다.

'우리말 약속'에서는 아이들이 익혀야 하는 말본지식(문법)을 이해하기 쉽게 제시하고 반복 연습을 통해 익히도록 합니다. 자모음 체계 익히기, 품사와 토씨(조사) 등의 문장구조 익히기, 어순대로 쓰기, 이음말(접속사) 익히기 등 말본지식을 활용할 수 있도록 다양한 활동을 제시합니다.

책의 꼭지 활용 방법

👤 〈글마중〉에 나온 글을 다양한 방법으로 읽게 해 주세요. 적당한 속도로 정확하게 읽을 수 있어야 글의 내용을 이해할 수 있습니다. 문장을 읽기 시작한 아이들의 경우 소리 내어 읽는 것은 매우 중요합니다. 자기가 읽은 것을 들으며 읽은 내용을 이해하기 때문입니다. 눈으로 읽은 것을 바로 이해하는 묵독을 할 수 있는 단계가 되기 전까지는 다양한 방법으로 소리 내어 읽는 활동을 많이 해 보는 것이 좋습니다. 읽기의 유창성과 정확도를 높이면 읽기 이해력도 향상됩니다.

읽어 주는 것 듣기, 교사가 한 문장이나 한 구절씩 읽으면 따라 읽기, 중요한 단어나 구절만 따로 읽기, 입 맞추어 함께 읽기, 구절 나누어 읽기, 번갈아 읽기, 돌아가며 읽기, 혼자 읽기 등의 방법을 활용하면 좋습니다. 아이가 읽은 것을 녹음해 다시 듣게 하거나 친구와 서로 읽어 주는 방법도 동기 유발에 좋습니다.

👤 〈신나는 글 읽기〉와 〈뽐내기〉는 표현 활동이므로 학습지만 활용할 것이 아니라 실제 활동을 통해 익히도록 해 주세요. 노래를 함께 부르고, 동작을 만들어 보세요. 주제와 관련하여 말하기, 동작, 음률, 미술, 몸짓, 놀이 등 다양한 표현 활동과 연계하여 활동적인 수업을 해 보세요. 이렇게 통합적으로 접근하면 아이들의 자유로운 표현 능력이 향상되고 흥미 있게 참여할 것입니다. 다양한 활동을 통해 자연스럽게 말하기, 쓰기 표현 능력이 향상될 수 있도록 연계하여 지도할 수 있습니다.

👤 〈이야기 돋보기〉는 이해 목표에 따른 반복 활동으로 연습을 할 수 있게 되어 있습니다. 문장 단서와 그림 단서를 활용하는 방법을 알려 주세요.

지도 교사 도우미

👤 〈꼭지별 내용 체계〉는 주제에 관한 꼭지 구성이 어떻게 되어 있는지 한눈에 볼 수 있도록 표로 정리되어 있습니다. 수업 계획을 세울 때 활용하거나 평가할 때 체크리스트로 사용해도 좋을 것입니다.

👤 〈좀 더 활용해 보세요〉는 주제와 관련하여 추가로 지도할 수 있는 수업 아이디어를 제공하였습니다.

너도나도 이야기해요.	듣기, 말하기와 관련된 활동을 소개하였습니다.
같이 읽어요.	주제와 관련하여 아이와 함께 읽어 보면 좋을 책을 소개하였습니다.
마음대로 나타내요.	주제와 관련된 다양한 쓰기 표현 활동을 제시했습니다.
함께 놀아요.	주제에 맞는 과학, 미술, 음악, 놀이, 연극 놀이, 자연 놀이, 요리 활동 등 다양한 통합 활동이 포함되어 있습니다.

👤 선생님께 한마디 는 교사가 참고할 만한 지도 방법을 학습지 하단에 제시한 것입니다.

1단계의 목표와 내용 구성

★ 1단계는 아이들의 생활에 관련된 주제를 중심으로 4권의 책으로 엮었습니다.
★ 1단계는 문장 읽기를 시작한 아이들에게 짧은 생활문이나 노랫말, 주변에서 흔히 접할 수 있는 짧은 글을 통해 읽기에 흥미를 갖도록 하였습니다.
★ 1단계의 목표는 다음과 같습니다. 단, 제시 방법에 따라 목표를 조정할 수 있습니다.
　- 읽기 : 3~5문장의 짧은 글을 그림과 연결하여 내용을 파악할 수 있다.
　　　　　　1문장을 읽고 '누가, 어디, 무엇'에 관한 질문에 단서를 이용하여 답할 수 있다.
　- 듣기 말하기 : 대화 주제와 관련하여 다양한 언어 표현 활동에 참여할 수 있다.
　- 쓰기 : 주제에 관련한 짧은 문장 쓰기를 통해 쓰기 표현에 흥미를 느낄 수 있다.
　- 문학 : 짧은 생활문, 동시, 노랫말, 실용문 읽기를 통해 읽기에 흥미를 느낄 수 있다.
　- 문법 : 닿소리와 홀소리를 조합하는 글자의 구성 원리를 파악할 수 있다.

	1권 〈우리 집에 놀러 와〉	2권 〈학교는 즐겁다〉	3권 〈와! 신나는 방학이다〉	4권 〈우리들은 자란다〉
전체 구성	동물원 주말농장 엄마 결혼 이사	소개하기 학교생활 운동회 주말 이야기 건강 검사	여름방학을 시작하며 가족 여행 할머니 댁에 왔어요 시골 생활	캠핑 밴드부 문화 체험
글마중	글마중에 실려 있는 본문은 3~5문장의 짧은 글로 제시하였습니다. 한 문장의 짜임은 2~5어절로 되어 있습니다. 본문의 내용을 이해하기 쉽게 그림을 함께 넣었습니다. 생활문, 편지나 일기, 동시나 노랫말, 광고나 안내문 등 주변에서 접할 수 있는 짧은 글을 다양하게 구성하였습니다.			
신나는 글 읽기	본문과 관련된 미술, 동작, 음률 활동이 제시되어 있습니다. 글의 주요 내용을 그림에서 찾거나 주제와 관련해 실생활에 응용하는 활동도 포함되어 있습니다.			
이야기 돋보기	글마중의 본문을 1문장씩 나눠 '누가, 무엇, 어디'에 관한 질문에 답하도록 문제를 제시했습니다. 의문사와 답에 색으로 단서를 제공하여 문장 구조에 따라 내용을 쉽게 이해할 수 있도록 하였습니다. 2개의 보기 중 하나를 고르게 하거나 그림을 단서로 답을 쓰는 형태로 구성하였습니다.			
낱말 창고	본문에 나오는 기본 어휘의 뜻을 익히거나 낱말 쓰기 활동을 제시하였습니다. 주로 이름씨(명사), 움직씨(동사), 흉내 내는 말 등을 다루고 있습니다.			
뽐내기	주제에 관련된 그림 그리기, 만들기 활동 등 다양한 표현 활동을 제시했으며 단어를 써넣어 문장을 완성하거나 1문장으로 표현하기를 목표로 했습니다.			
우리말 약속	닿소리와 홀소리의 이름과 획순 익히기, 낱자가 들어가는 단어 익히기, 첫소리와 가운뎃소리와 끝소리를 조합하여 글자를 만드는 활동으로 구성하였습니다.			

꼭지별 내용 체계

4권 우리들은 자란다

주제	글마중	신나는 글 읽기	이야기 돋보기	낱말 창고	뽐내기	우리말 약속
캠핑	캠핑을 가고 싶어		한 문장씩 생활문을 읽고 내용 파악하기			-'ㅋ'쓰기 -'ㅋ'이 들어가는 낱말 익히기 -첫소리, 가운뎃소리, 끝소리를 조합해 'ㅋ'이 들어가는 낱자 만들기 -'ㅋ'이 끝소리로 쓰이는 낱말 읽고 쓰기
	캠핑을 떠나요	계획서를 보고 하는 일 고르기, 가져갈 물건 챙기기	계획서를 읽고 주요 내용 파악하기	텐트, 모자, 배낭, 손전등, 침낭, 세면도구, 코펠		
	신나는 캠프	노래 부르며 빈칸 채우기, 캠핑 활동과 그림 연결하기	한 문장씩 노랫말을 읽고 질문에 답하기			
	캠핑장에 도착했어요	내용과 그림 연결하기				
	캠핑장에서 하는 일		한 문장씩 읽고 누가, 무엇에 답하기			
	바비큐를 먹어요		한 문장씩 설명서를 읽고 내용 파악하기	바비큐, 바비큐 통, 나뭇가지, 숯		
	캠프파이어		한 문장씩 읽고 누가, 언제, 어디, 무엇에 답하기		캠핑장 꾸미고 하고 싶은 일 쓰기	-'ㅌ'쓰기 -'ㅌ'이 들어가는 낱말 익히기 - 첫소리, 가운뎃소리, 끝소리를 조합해 'ㅌ'이 들어가는 낱자 만들기 -'ㅌ'이 끝소리로 쓰이는 낱말 읽고 쓰기
	캠핑장에서 지킬 일		주의문을 읽고 내용 파악하기			
	바람이 불어요		한 문장씩 읽고 무엇, 어떻게에 답하기			
	나뭇잎 관찰		관찰 일지를 보고 내용 파악하기		동식물 관찰 일지 쓰기	
	세현이의 일기		한 문장씩 일기를 읽고 내용 파악하기		그림일기 쓰기	

주제	글마중	신나는 글 읽기	이야기 돋보기	낱말 창고	뽐내기	우리말 약속
밴드부	지상이의 꿈		한 문장씩 생활문을 읽고 내용 파악하기			-'ㅍ'쓰기 -'ㅍ'이 들어가는 낱말 익히기 -첫소리, 가운뎃소리, 끝소리를 조합해 'ㅍ'이 들어가는 낱자 만들기 -'ㅍ'이 끝소리로 쓰이는 낱말 읽고 쓰기
	밴드부를 모집합니다	공고문을 읽고 모집 파트 고르기	공고문을 읽고 주요 내용 파악하기	보컬, 기타, 드럼, 색소폰, 칩니다, 부릅니다, 붑니다		
	지상이의 일기		한 문장씩 일기를 읽고 내용 파악하기			
	밴드부 정기 공연		계획서를 보고 무엇, 언제, 어디에 답하기			
	공연 의상		한 문장씩 읽고 무엇에 답하기	원피스, 티셔츠, 셔츠, 바지	옷에 어울리는 신발 고르기	
	밴드부 공연하는 날		한 문장씩 주요 내용 파악하기	무대, 공연, 관객, 부모님	하고 싶은 일이 무엇인지 문장 써 보기	
문화 체험	연극 포스터		포스터를 보고 주요 내용 파악하기	배우, 오누이		-'ㅎ'쓰기 -'ㅎ'이 들어가는 낱말 익히기 -첫소리, 가운뎃소리, 끝소리를 조합해 'ㅎ'이 들어가는 낱자 만들기 -'ㅎ'이 끝소리로 쓰이는 낱말 읽고 쓰기
	연극을 보고 나서		한 문장씩 읽고 질문에 답하기			
	은수의 전화		전화 통화를 읽고 내용 파악하기			
	영화관에 왔어요		영화표를 보고 주요 내용 파악하기		영화를 보고 기억나는 장면과 내용 쓰기	
	영화관 예절		주의문을 읽고 주요 내용 파악하기	연필, 우체통, 쓰레기통, 냉장고		
	전시회 포스터		포스터를 보고 주요 내용 파악하기	화가, 휴관		
	관람 예절을 지켜요	그림 표지판과 설명 연결하기	그림표지판의 뜻 알기			
	관찰 일지		한 문장씩 관찰 일지를 읽고 내용 파악하기		관찰 일지 쓰기	

좀 더 활용해 보세요

 4권 우리들은 자란다

　요즘 아이들은 바쁩니다. 쉬는 시간이 생겨도 어떻게 시간을 보내야 할지 몰라 TV 시청이나 게임만 하며 보내는 경우가 많이 있습니다. 잘 놀고 잘 쉬는 아이가 건강하고 주체적인 아이로 자랍니다.

　이 책에는 '우리들은 자란다'란 주제로 다양하고 재미있는 글이 있습니다. 캠핑을 가고, 밴드부 활동을 하며, 다양한 문화 체험에 관한 글입니다.

　초기 읽기 단계의 아이들이 읽고 내용을 파악하도록 다양한 종류의 짧은 글을 실었습니다. 일기, 일지 등의 생활문과 즐겨 부르고 외울 수 있는 동시, 노랫말과 같은 문학 작품 그리고 지시문, 광고, 안내문, 설명서 등 주변에서 흔히 접할 수 있는 실용문을 재미있는 활동과 함께 제시하였습니다.

　아래에는 캠핑, 밴드부, 문화 체험 등 주제와 관련하여 수업을 할 때 교재에 덧붙여 추가로 활용할 수 있는 활동을 정리해 보았습니다.

활동 영역	관련 활동
너도나도 이야기해요	🧒 보물찾기 - 보물 이름이 적혀 있는 쪽지를 찾는다. - 빨간 열매, 둥근 돌멩이, 도토리 껍질, 단풍잎 등 쪽지에 적혀 있는 보물을 주위에서 찾아온다. - 각자 가져온 보물을 보여 주고 보물을 찾은 과정과 소감을 이야기한다. 　예) 제 보물은 빨간 열매입니다. 약수터 옆에 있는 나무 밑에서 주웠어요. 작은 앵두같이 생겼어요. 먹을 수 있는지 궁금해요. 🧒 알아맞혀 보세요 - 캠핑, 밴드부, 미술관, 공연장, 영화관, 천문대 등 체험을 했던 장소나 가 보고 싶은 곳에 대해 이야기를 나눈다. 그곳에서 볼 수 있는 것에 대해 이야기를 나누게 한다. - 다른 사람이 말하는 내용을 듣고 누구인지, 언제인지, 어디인지, 무엇을 하는지 알아맞힌다. 🧒 말 전하기 - 이야기를 듣고 중요한 것을 말로 전달한다. - 준비물, 전화 내용, 심부름 내용을 다른 사람에게 전달한다. - 들은 내용을 쪽지에 적는다. 🧒 인형극 하기 - '해와 달이 된 오누이' 책을 읽는다. - 등장인물들의 그림을 그려 막대 인형을 만든다. - 대본 순서에 맞게 대사를 녹음한다. - 녹음된 대본 순서에 맞게 인형극을 한다.

활동 영역	관련 활동
같이 읽어요	 🐚 아빠랑 캠핑 가자! **한태희 글·그림 / 웅진주니어** 은지네 가족의 첫 캠핑 이야기. 텐트를 치고, 숲 속에서 신나게 뛰놀고, 계곡에서 물장구를 치며 놀고, 모닥불 앞에 둘러앉아 도란도란 이야기를 나누는 등, 가족의 따뜻함을 느낄 수 있고 아빠에 대한 친밀도를 한층 높이는 기회가 됨.  🐚 나도 캠핑 갈 수 있어! **하야시 아키코 글·그림 / 한림출판사** 어린 소라가 이웃 언니, 오빠들과 함께 캠핑을 다녀오는 이야기. 모두들 소라가 너무 어려서 캠핑을 갈 수 없을 거라고 하지만 소라는 꿋꿋하게 무거운 배낭도 메고 밥 지을 나무도 해 오고 깜깜한 밤에 혼자서 쉬도 하면서 캠핑을 무사히 마침.  🐚 동강의 아이들 **김재홍 글·그림 / 길벗어린이** 강가에서 장터에 간 엄마를 기다리는 순이와 동이의 이야기. 동강의 바위와 물에 비친 그림자가 큰 새와 아기 곰, 공룡처럼 아름답고 재미있게 보이고 아이들에게 동무가 되어 줌. 🐚 피아노 치기는 지겨워 **다비드 칼리 글 / 에릭 엘리오 그림 / 비룡소** 피아노 치기를 지겨워하는 아이와 훌륭한 피아니스트가 되길 강요하는 엄마의 모습을 위트 넘치게 그려 낸 그림책. 🐚 브레멘 음악대 **그림형제 글 / 신정미 그림 / 베틀북** 주인에게 버림받은 동물들이 힘을 모아 음악대가 되기까지 혼자서는 할 수 없었던 많은 일들을 해 나가는 이야기. 🐚 행복한 미술관 **앤서니 브라운 글·그림 / 웅진주니어** 서먹했던 한 가족이 미술관 구경을 하면서 그림을 보며 떠오르는 생각과 느낌, 추억들을 나누는 동안 가족 간의 소통과 따뜻한 관계가 회복됨.  🐚 멋쟁이 낸시의 별자리 여행 **제인 오코너 글 / 로빈 프레이스 글래서 그림 / 국민서관** 낸시가 별자리 감상을 준비하는 하루 동안의 이야기. 신비로운 별자리 이야기, 별의 특성에서부터 달과 지구의 차이점 등 별자리 감상에 필요한 기본 천체 상식과 과학 정보가 담긴 책. 🐚 숨은 별자리 찾기 **한스 아우구스토 레이 글·그림 / 비룡소** 밤하늘에 가득한 별을 읽도록 돕는 길잡이 책. 별자리, 별자리 이야기, 행성에 관한 정보, 별 보는 방법 등을 알려 주는 책.

활동 영역	관련 활동
마음대로 나타내요	👤 식물 표본집 만들기 서로 다른 나뭇잎들을 조심스럽게 따서 바구니에 넣는다. 두 장의 신문지 사이에 나뭇잎을 넣는다. 이때 나뭇잎이 구겨지지 않게 주의하고 두꺼운 책으로 신문지를 눌러놓고 완전히 마를 때까지 사나흘 기다린다. 마른 잎을 흰 종이에 붙이고, 아래쪽에 어떤 나무의 잎인지 기록하고 채집한 날짜와 장소를 써 넣는다. 나뭇잎을 따지 않고 사진을 찍거나 그림으로 그려서 표본을 만들 수도 있다. 👤 영화 포스터 만들기 연극이나 영화를 보고 나서 소개하는 포스터를 만들어 본다. 내용을 나타내는 그림을 그리거나 사진을 붙이고 중요한 대사나 내용을 적어 소개한다. 👤 체험학습 보고서 쓰기 캠핑을 가거나 미술관, 영화관, 천문대 등에서 본 것, 한 일, 느낀 점 등을 그림으로 그리거나 사진으로 붙이고 설명하는 말을 써서 보고서를 쓴다. 그림이나 사진 대신 자연물, 기념품 등을 붙여도 좋다.
함께 놀아요	👤 자연 놀이: 풀피리 불기 - 나뭇잎을 뜯어 입술에 살짝 대고 '삐익' 소리가 나도록 분다. - 소리 내기 게임을 하거나 노래에 맞춰 풀피리를 분다. 👤 자연 놀이: 풀 씨름 - 줄기가 긴 풀을 뜯어 서로 엇갈리게 대고 잡아당긴다. - 줄기가 끊어지지 않은 사람이 이긴다. 👤 전래 놀이: 수건 돌리기 - 술래 한 명을 뽑고 나머지 아이들은 둥글게 둘러앉아서 노래를 부른다. - 술래는 수건을 손에 쥐고 아이들이 둘러앉은 원 밖으로 빠르게 빙빙 돌다가 한 아이의 등 뒤에 살짝 놓고 달아난다. - 다른 아이들은 술래가 지나간 뒤에 혹시 자기에게 놓지는 않았는지 확인하게 된다. 만약 자기 뒤에 수건이 떨어져 있으면 재빨리 집어 들고 술래를 뒤따라가서 잡아야 히며 만일 늦어서 술래에게 잡히게 되면 술래의 역할을 맡아야 한다. - 술래가 잡히면 엉덩이로 이름을 쓰거나 노래를 부르는 등 벌칙을 받는다. 👤 미술 활동: 나무껍질 무늬 베끼기 나무둥치 위에 얇은 종이를 갖다 대고 종이에 구멍이 나지 않게 연필이나 목탄을 잘 눕혀서 종이에 대고 까맣게 칠한다. 👤 노래 부르기: 숲 속을 걸어요 유종슬 작사, 정연택 작곡 창작동요

활동 영역	관련 활동
함께 놀아요	👤 노래 부르기: 우리는 록밴드 - 박상미 작사, 작곡 창작동요 - 기타, 드럼, 피아노 악기를 다른 악기로 바꾸어 부르기. 👤 노래 부르기: 별 하나 꽁꽁, 별 하나 나 하나 한국 전래 놀이 노래 3집에 수록된 곡. 한국 민속 아동음악 연구소 합창단 부름 👤 요리 활동: 꼬치 요리 만들기 햄, 가래떡, 파인애플, 맛살, 채소를 꽂이에 끼워 먹는 꼬치 요리로 캠핑 기분을 내 보자. 소시지, 고구마 등 다양한 재료로 꼬치 요리를 만들 수 있다. 👤 요리 활동: 꿀떡 만들기 해와 달이 된 오누이 엄마가 팔던 떡을 만들어 볼까? 익반죽된 쌀가루 반죽을 조금 떼어 내어 깨소금 소를 넣고 꾹 누르면 꿀떡이 완성된다. 떡 광주리를 머리에 이고 떡장수 역할도 해 보고 호랑이 역할도 해 본다. 👤 모바일 앱 / 안드로 밴드 밴드 음악의 기본 악기 구성인 기타, 베이스, 드럼 세 가지를 한 번에 즐길 수 있으며, 실제 악기에 대한 이해와 체험을 쉽게 할 수 있다. 👤 모바일 앱 / 해님 달님 구연동화 '깊은책속옹달샘 시리즈' 중 해와 달이 된 오누이 이야기. 👤 모바일 앱 / 떡 하나 주면 안 잡아먹지~ 해님 달님 편 해님 달님 전래 동화도 보고 게임도 즐기는 동화 게임. 기울기 센서를 활용하여 떡을 먹고 호랑이의 배를 채워 점수를 올리는 게임. 아이템을 먹을 때마다 호랑이의 모습이 변한다. 👤 모바일 앱 / 별자리표 별의 위치와 별자리표를 한 번에 볼 수 있는 애플리케이션. 방향 센서와 GPS를 통해 스마트폰을 하늘로 향하면 별들과 별자리를 관찰할 수 있으며 별과 우주에 대한 상식을 알 수 있다.

선생님이 만든 졸졸 글읽기

4권

우리들은 자란다

우리들은 자란다

1장
캠핑

캠핑을 가고 싶어	18
캠핑을 떠나요	20
신나는 캠프	26
캠핑장에 도착했어요	30
캠핑장에서 하는 일	32
바비큐를 먹어요	34
우리말 약속(ㅋ)	37
캠프파이어	40
캠핑장에서 지킬 일	44
바람이 불어요	46
니뭇잎 관찰	49
세현이의 일기	52
우리말 약속(ㅌ)	56

2장

밴드부

지상이의 꿈 ···································· 59

밴드부를 모집합니다 ························ 61

지상이의 일기 ································· 66

밴드부 정기 공연 ····························· 68

공연 의상 ····································· 70

밴드부 공연하는 날 ·························· 74

우리말 약속(ㅍ) ······························ 79

3장

문화 체험

연극 포스터 ··································· 81

연극을 보고 나서 ···························· 85

은수의 전화 ··································· 88

영화관에 왔어요 ······························ 90

영화관 예절 ··································· 93

전시회 포스터 ································· 96

관람 예절을 지켜요 ·························· 99

관찰 일지 ···································· 103

우리말 약속(ㅎ) ····························· 107

캠핑을 가고 싶어

텔레비전에 캠핑장이 나왔습니다.

세현이가 말했습니다.

"엄마, 나도 캠핑 가고 싶어요."

'캠핑'이란 야외에서 텐트를 치고 지내는 활동입니다.

다음 글을 읽고 알맞은 답을 찾아보세요.

텔레비전에 캠핑장이 나왔습니다.

1. 텔레비전에 어디가 나왔나요? ⋯⋯⋯⋯⋯⋯⋯⋯⋯⋯⋯ (   )

    ① 캠핑장   ② 동물원

세현이가 말했습니다.

2. 누가 말했나요? ⋯⋯⋯⋯⋯⋯⋯⋯⋯⋯⋯⋯⋯⋯⋯⋯⋯ (   )

    ① 엄마   ② 세현

"엄마, 나도 캠핑 가고 싶어요."

3. 누구에게 캠핑 가고 싶다고 말했나요? ⋯⋯⋯⋯⋯⋯ (   )

    ① 엄마   ② 아빠

4. 세현이는 무엇을 하고 싶다고 말했나요? ⋯⋯⋯⋯⋯ (   )

    ① 쇼핑   ② 캠핑

캠핑을 떠나요

〈캠핑 계획서〉

기 간: 9월 9일 토요일 ~ 9월 10일 일요일

장 소: 삼봉 자연휴양림

할 일: 산책하기, 바비큐 파티,

　　　 곤충과 식물 관찰, 계곡에서 물놀이

준비물: 텐트, 코펠, 침낭, 배낭, 모자,

　　　 손전등, 세면도구

'바비큐'는 야외에서 고기, 야채 등을
불에 직접 구워 먹는 요리입니다.

글마중을 읽고 캠핑을 가서 하는 일을 찾아 ○ 하세요.

텔레비전을 봅니다.

산책을 합니다.

식물을 관찰합니다.

바비큐를 합니다.

공부를 합니다.

물놀이를 합니다.

글마중을 읽고 가져가야 할 물건이 무엇인지 아래에서 찾아
○ 하세요.

코펠	냉장고	손전등
모자	텐트	배낭
거울	세면도구	침낭

월   일   요일   확인

 다음 글을 읽고 알맞은 답을 찾아보세요.

기간: 9월 9일 토요일 ~ 9월 10일 일요일

1. 언제 캠핑을 떠나나요? ································· (   )

　　① 9월 10일 일요일　　　　② 9월 9일 토요일

장소: 삼봉 자연휴양림

2. 어디로 캠핑을 가나요? ································· (   )

　　① 영화관　　　　　　　　② 자연휴양림

할 일: 산책하기, 계곡에서 물놀이

3. 어디에서 물놀이를 하나요? ····························· (   )

　　① 계곡　　　　　　　　　② 수영장

4. 무엇을 챙겨야 하는지 아래에서 골라 ○ 하세요.

텐트	오리털 점퍼	텔레비전	코펠
손전등	냉장고	배낭	모자
화장품	침낭	세면도구	음료수

캠핑에 필요한 물건을 <보기>에서 찾아 써 보세요.

 야외에서는 에서 잡니다.

 로 햇볕을 가립니다.

 에 물건을 넣습니다.

 어두울 때는  을 켭니다.

<보기>   손전등   텐트   모자   배낭

월   일   요일   확인

 캠핑에 필요한 물건을 〈보기〉에서 찾아 써 보세요.

☐   은 몸을 따뜻하게 해 줍니다.

☐   로 몸을 깨끗이 합니다.

☐   에 밥을 합니다.

〈보기〉   세면도구   코펠   침낭

신나는 캠프

김성균 작사, 작곡

 배낭 메고  모자 쓰고

신나게 캠핑 간다.

 배낭 메고  모자 쓰고

휘파람 불며 간다.

 물놀이,  달리기,

 춤추기 대회

 가면 놀이, 극놀이

신나는 캠프.

선생님께 한마디 초기 읽기 단계의 아이들에게는 즐겨 부르는 노랫말을 이용해 글 읽기를 가르치는 것도 좋은 방법입니다. 노래를 여러 번 반복해 불러 익숙해지도록 해 주세요.

월   일   요일   확인

글마중을 읽고 빈칸을 채워 보세요.

신나는 캠프

김성균 작사, 작곡

  메고    쓰고

신나게 캠핑 간다.

  메고   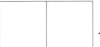 쓰고

휘파람 불며 간다.

  ,    ,

  대회

  ,

신나는 캠프.

글마중을 읽고 노래를 불러 보세요.

① 캠핑에서 활동하는 모습을 상상하며 즐겁게 읽어 보세요.
② '신나는 캠프' 노래를 잘 들어 보세요.
③ '신나는 캠프' 노래를 즐겁게 불러 보세요.

 캠핑에서 하는 활동의 그림과 어울리게 연결해 보세요.

물놀이

달리기

춤추기

가면 놀이

극놀이

다음 글을 읽고 알맞은 답을 찾아보세요.

배낭 메고 모자 쓰고 신나게 캠핑 간다.

1. 무엇을 메고 신나게 캠핑을 가나요? ················· (　　　)

    ① 배낭　　　　　　　　　　② 모자

2. 무엇을 쓰고 신나게 캠핑을 가나요? ················· (　　　)

    ① 배낭　　　　　　　　　　② 모자

배낭 메고 모자 쓰고 휘파람 불며 간다.

3. 배낭 메고 모자 쓰고 무엇을 하며 가나요? ··········· (　　　)

    ① 노래를 부르며　　　　　　② 휘파람 불며

물놀이, 달리기, 춤추기 대회, 가면 놀이, 극놀이

4. 캠핑에서 하는 활동은 무엇인가요? ················· (　　　)

    ① 춤추기 대회　　　　　　　② 합창 대회

캠핑장에 도착했어요

우와, 푸른 숲 속 나무들.

재잘거리는 새소리.

두둥실 떠가는 흰 구름.

졸졸졸 흐르는 개울물.

글마중을 읽고 그림에 맞는 내용을 연결해 보세요.

졸졸졸
흐르는 개울물.

두둥실
떠가는 흰 구름.

푸른 숲 속
나무들.

재잘거리는
새소리.

캠핑장에서 하는 일

아빠는 텐트를 칩니다.

엄마는 요리를 합니다.

세현이와 동생은

나뭇가지를 모읍니다.

다음 글을 읽고 알맞은 답을 찾아보세요.

아빠는 텐트를 칩니다.

1. 아빠는 무엇을 하나요? ···································· (　　　)

① 배낭을 멥니다.　　　　　② 텐트를 칩니다.

엄마는 요리를 합니다.

2. 누가 요리를 준비합니까? ······························ (　　　)
① 엄마　　　　　② 세현

3. 엄마는 무엇을 합니까? ································· (　　　)
① 빨래　　　　　② 요리

세현이와 동생은 나뭇가지를 모읍니다.

4. 세현이와 동생은 무엇을 모았나요? ·············· (　　　)
① 나뭇가지　　　　　② 돌멩이

바비큐를 먹어요

〈바비큐 만드는 순서〉

1. 숯과 나뭇가지로 불을 붙입니다.

2. 바비큐 통 위에 고기를 놓습니다.

3. 고기를 노릇노릇하게 굽습니다.

다음 글을 읽고 알맞은 답을 찾아보세요.

숯과 나뭇가지로 불을 붙입니다.

1. 숯과 나뭇가지로 무엇을 하나요? ·························· (   )

① 불을 켭니다.   ② 불을 붙입니다.

바비큐 통 위에 고기를 놓습니다.

2. 어디에 고기를 놓나요? ·························· (   )

① 바비큐 통 위에 놓습니다.   ② 프라이팬 위에 놓습니다.

3.

고기를 노릇노릇하게

굽	습	니	다

.

설명하는 글을 읽고 〈보기〉에서 골라 써 보세요.

〈보기〉

바비큐

바비큐 통

나뭇가지

숯

1. 나무의 줄기에서
   뻗어 나는 가지입니다.

2. 철로 그물처럼 얽어 만들었어요.
   고기나 야채를 구울 수 있어요.

3. 야외에서 먹는 요리입니다.
   고기나 야채를 직접 불에 구워 먹어요.

4. 나무를 불에 구웠어요.
   검은 덩어리의 땔감입니다.

월　　　　일　　　　요일　　確認

 순서에 주의하며 닿소리를 읽고 써 보세요.

ㅋ 키읔　　　ㅋ　　　ㅋ

 큰 소리로 읽으면서 바르게 써 보세요.

ㅏ	ㅑ	ㅓ	ㅕ	ㅗ	ㅛ	ㅜ	ㅠ	ㅡ	ㅣ
카	캬	커	켜	코	쿄	쿠	큐	크	키
악	약	억	역	옥	욕	욱	육	윽	익

 'ㅋ'이 들어가 있는 낱말에 ○ 하세요.

구름	캠핑	기타
바비큐	토끼	콩나물

 낱말을 읽고 써 보세요.

캠	핑

케	이	크

카	네	이	션

 낱자들을 더해서 써 보세요.

첫소리	+	가운뎃소리	+	끝소리	=	글자
ㅋ	+	ㅗ	+		=	코
ㅋ	+	ㅗ	+	ㅇ	=	콩
ㅋ	+	ㅣ	+		=	키
ㅋ	+	ㅓ	+	ㅂ	=	컵

 우리말
약속

 'ㅋ'이 끝소리로 쓰이는 낱말을 읽고 써 보세요.

부	엌
ㅂㅜ	ㅇㅓㅋ
부	엌

새	벽	녘
ㅅㅐ	ㅂㅕㄱ	ㄴㅕㅋ
새	벽	녘

해	질	녘
ㅎㅐ	ㅈㅣㄹ	ㄴㅕㅋ
해	질	녘

노	을
ㄴㅗ	ㅇㅡㄹ
노	을

캠프파이어

밤이 되었어요.

하늘에는 별들이 빛났어요.

캠프파이어를 했어요.

모닥불이 활활 타올랐어요.

세현이는 노래를 불렀어요.

다음 글을 읽고 알맞은 답을 찾아보세요.

밤이 되었어요.

1. 언제인가요? ────────────────── (   )

① 낮    ② 밤

하늘에는 별들이 빛났어요.

2. 별들이 어디에서 빛났나요? ───────── (   )

① 하늘    ② 바다

3. 하늘에는 무엇이 빛났나요? ───────── (   )

① 해    ② 달    ③ 별

다음 글을 읽고 알맞은 답을 찾아보세요.

캠프파이어를 했어요.

1. 무엇을 했나요? ·· (   )

① 캠프파이어   ② 바비큐

모닥불이 활활 타올랐어요.

2. 무엇이 활활 타올랐나요? ······························ (   )

① 촛불   ② 모닥불

3. 모닥불이 어떻게 타올랐나요? ······················ (   )

① 활활   ② 찰찰

세현이는 노래를 불렀어요.

4. 누가 노래를 불렀나요? ·································· (   )

① 동생   ② 세현

좋아하는 색깔로 캠핑장을 꾸며 보세요. 캠핑장에서 하고 싶은 일들을 써 보세요.

(   )을/를 하고 싶어요.

(   )을/를 하고 싶어요.

 **캠핑장에서 지킬 일**

 1. 밤에 큰 소리로 떠들지 마세요.

 2. 위험한 길로 가지 마세요.

 3. 쓰레기를 버리지 마세요.

다음 글을 읽고 알맞은 답을 찾아보세요.

밤에 큰 소리로 떠들지 마세요.

1. 밤에 잘못된 행동을 하는 사람은 누구입니까? ·············· (　　　　)

①  　　　　　　②

위험한 길로 가지 마세요.

2. 어떤 길로 가야 하나요? ───────────── (　　　　)

① 안전한 길 　　　　　② 위험한 길

쓰레기를 버리지 마세요.

3. 무엇을 버리지 말아야 하나요? ─────────── (　　　　)

① 쓰레기 　　　　　② 꽃

바람이 불어요

바람은 보이지 않아요.

만질 수도 없어요.

하지만 느낄 수는 있지요.

머리카락이 날려요.

나뭇잎이 흔들려요.

바람은 우리 곁에 있어요.

다음 글을 읽고 알맞은 답을 찾아보세요.

바람이 불어요.

1. 무엇에 대한 글인가요? ⸺⸺⸺⸺⸺⸺ (   )

① 바람   ② 바다

바람은 보이지 않아요.

2. 보이지 않는 것은 무엇인가요? ⸺⸺⸺⸺ (   )

① 구름   ② 바람

만질 수도 없어요. 하지만 느낄 수는 있지요.

3. 바람은 어떤가요? ⸺⸺⸺⸺⸺⸺⸺ (   )

① 만질 수 있어요.   ② 느낄 수 있어요.

다음 글을 읽고 알맞은 답을 찾아보세요.

머리카락이 날려요.

1. 바람이 불면 머리카락이 어떻게 되나요? ·············· (   )

① 머리카락이 젖어요.   ② 머리카락이 날려요.

나뭇잎이 흔들려요.

2. 무엇이 흔들리나요? ····························· (   )

① 나뭇잎   ② 이

바람은 우리 곁에 있어요.

3. 바람은 우리 □ 에 있어요.

나뭇잎 관찰

날짜	9월 9일 토요일
장소	삼봉 자연휴양림
관찰자	천세현
이름	단풍잎
색깔	빨간색
모양	끝이 뾰족뾰족하다.

다음 글을 읽고 알맞은 답을 찾아보세요.

나뭇잎 관찰

1. 무엇을 관찰하였나요? .... (   )

   ① 매미   ② 나뭇잎

   날짜: 9월 9일 토요일

2. 관찰한 날짜는 언제인가요? .... (   )

   ① 9월 9일 토요일   ② 9월 10일 일요일

   관찰자: 천세현

3. 관찰자는 누구인가요? .... (   )

   ① 천세현   ② 천세영

   이름: 단풍잎   색깔: 빨간색

4. 무엇을 관찰했나요? .... (   )

   ① 노란색 은행잎   ② 빨간색 단풍잎

   모양: 끝이 뾰족뾰족하다.

5. 단풍잎 모양은 [   ] 이 뾰족뾰족하다.

월   일   요일   확인

 주변의 동식물을 관찰하고 기록해 보세요.

〈그림이나 사진을 붙이세요〉

날짜	
장소	
관찰자	
이름	
색깔	
모양	

세현이의 일기

9월 10일 일요일 날씨: 맑음

제목: 휴양림 계곡에서

계곡에서 놀았다.

계곡물이 차가웠다.

물고기랑 가재도 잡았다.

동생과 물놀이도 했다.

계곡에서 노는 것은 참 재미있다.

다음 글을 읽고 알맞은 답을 찾아보세요.

월   일   요일   확인

세현이의 일기
휴양림 계곡에서

1. 누구의 일기인가요? ·· (   )

　① 은수　　　　　　　　② 세현

2. 어디에서 있었던 일인가요? ··· (   )

　① 휴양림 계곡　　　　　② 휴게소 식당

9월 10일 일요일　　날씨: 맑음

3. 9월 10일은 무슨 요일인가요? ······································ (   )

　① 월요일　　　　　　② 일요일

4. 날씨가 어땠나요? ··· (   )

　① 흐림　　　　　　　② 맑음

계곡에서 놀았다.

5. 어디에서 놀았나요? ·· (   )

　① 바다　　　　　　　② 계곡

다음 글을 읽고 알맞은 답을 찾아보세요.

계곡물이 차가웠다.

1. 계곡물은 어땠나요? ·························· (   )
   ① 차가웠다   ② 뜨거웠다

물고기랑 가재도 잡았다.

2. 무엇을 잡았나요? 모두 고르세요. ·········· (   ),(   )
   ① 물고기   ② 잠자리   ③ 가재

동생과 물놀이도 했다.

3. 누구와 물놀이를 했나요? ·················· (   )
   ① 친구   ② 동생

계곡에서 노는 것은 참 재미있다.

4. 무엇이 재미있었나요? ···················· (   )
   ① 계곡에서 노는 것   ② 시장에서 노는 것

월   일   요일   확인

 캠핑이나 체험 학습을 다녀온 일을 사진이나 그림으로 표현하고
문장을 완성해 써 보세요.

나는 [   ] 에 다녀왔다.

[   ] 을(를) [   ] .

참 [   ] .

선생님께 한마디　경험한 일을 충분히 말할 기회를 주세요. 사진을 보거나 그림을 그리며 어디에 갔는지 무엇을
했는지 말한 후에 한 일과 느낌을 적도록 해 주세요.

 순서에 주의하며 닿소리를 읽고 써 보세요.

 티읕   ㅌ   ㅌ

 큰 소리로 읽으면서 바르게 써 보세요.

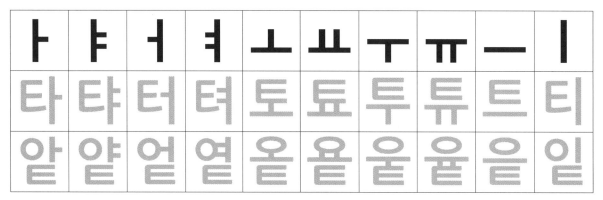

ㅏ	ㅑ	ㅓ	ㅕ	ㅗ	ㅛ	ㅜ	ㅠ	ㅡ	ㅣ
타	탸	터	텨	토	툐	투	튜	트	티
앝	얕	엍	옅	옽	욭	웉	윹	읕	잍

 'ㅌ'이 들어가 있는 낱말에 ○ 하세요.

텔레비전	텐트	머리카락

미끄럼틀	초가집	햄스터

낱말을 읽고 써 보세요.

트	럭

텐	트

토	실	토	실

낱자들을 더해서 써 보세요.

첫소리	+	가운뎃소리	+	끝소리	=	글자

ㅌ	+	ㅗ	+		=	토	토요일
ㅌ	+	ㅏ	+	ㄹ	=	탈	
ㅌ	+	ㅗ	+	ㅇ	=	통	
ㅌ	+	ㅗ	+	ㅂ	=	톱	

 'ㅌ'이 끝소리로 쓰이는 낱말을 읽고 써 보세요.

햇	볕
ㅎㅐ ㅅㅂㅕㅌ	
햇	볕

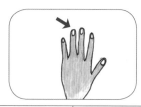

손	끝
ㅅㅗㄴ ㄲㅡㅌ	
손	끝

불을
붙입니다.

붙	입	니	다
ㅂㅜㅌ ㅇㅣ ㅂㄴㅣ ㄷㅏ			
붙	입	니	다

지상이의 꿈

지상이는 기타를 좋아합니다.

삼촌한테 기타를 배웁니다.

커서 기타리스트가 되고 싶습니다.

기타리스트: 기타를 연주하는 사람

다음 글을 읽고 알맞은 답을 찾아보세요.

지상이는 기타를 좋아합니다.

1. 지상이는 무엇을 좋아하나요? ─────────── (   )

① 피아노   ② 기타

삼촌한테 기타를 배웁니다.

2. 누구에게 기타를 배우나요? ─────────── (   )

① 삼촌   ② 이모

커서 기타리스트가 되고 싶습니다.

3. 언제 기타리스트가 되고 싶은가요? ─────────── (   )

① 지금   ② 커서

4. 지상이는 무엇이 되고 싶은가요? ─────────── (   )

① 기타리스트   ② 피아니스트

밴드부를 모집합니다

★ 모집학년: 3학년 ~ 6학년

★ 모집분야: 보컬, 기타, 드럼,

　　　　　 피아노, 색소폰

★ 신청: 음악 선생님

★ 발표: 3월 21일 목요일

'밴드부'는 각종 악기로 음악을 연주하는
모임을 말합니다.

글마중을 읽고 밴드부가 모집하는 분야에 ○ 하세요.

보컬(가수)   나팔

드럼   피아노

바이올린   기타

다음 글을 읽고 알맞은 답을 고르세요.

★ 모집 학년: 3학년 ~ 6학년
★ 신청: 음악 선생님
★ 발표: 3월 21일 목요일

1. 밴드부를 할 수 있는 학생은 몇 학년인가요? ┄┄┄┄ (   )

   ① 1학년   ② 2학년   ③ 5학년

2. 누구에게 신청해야 하나요? ┄┄┄┄┄┄┄┄ (   )

   ① 음악 선생님   ② 영어 선생님

3. 발표는 언제하나요? ┄┄┄┄┄┄┄┄ (   )

   ① 3월 31일   ② 3월 21일

 밴드부의 그림과 이름을 연결해 보세요.

   •   •   기타

   •   •   보컬 (가수)

   •   •   드럼

   •   •   색소폰

 밴드와 관련된 표현을 〈보기〉에서 찾아 써 보세요.

 미영이가 노래를 ⬜ .

 지상이가 기타를 ⬜ .

 혜영이가 피아노를 ⬜ .

 민주가 색소폰을 ⬜ .

 준서가 드럼을 ⬜ .

〈보기〉   칩니다   부릅니다   붑니다

지상이의 일기

3월 21일 목요일 날씨: 맑음

 제목: 밴드부에 뽑힌 날

밴드부에 뽑혔다.

야호!

친구들과 함께 연주할 수 있다니…….

첫 모임이 기대된다.

월   일   요일   확인

다음 글을 읽고 알맞은 답을 고르세요.

밴드부에 뽑혔다.

1. 지상이는 무엇에 뽑혔나요? ⋯⋯⋯⋯⋯⋯⋯⋯ (   )

① 합창단   ② 밴드부

친구들과 함께 연주할 수 있다니⋯⋯.

2. 누구와 연주를 할 수 있나요? ⋯⋯⋯⋯⋯⋯⋯ (   )

① 친구들   ② 친척들

첫 모임이 기대된다.

3. 내일 무엇이 기대되나요? ⋯⋯⋯⋯⋯⋯⋯⋯⋯ (   )

① 첫 모임   ② 첫 무대

밴드부 정기 공연

★ 언제: 9월 22일(금) 오전 10시

★ 어디에서: 시청각실

★ 공연곡: 오리 날다, 마리아

'공연'은 많은 사람들에게
음악, 무용, 연극 등을 보이는 일입니다.

이야기
돋보기

 다음 글을 읽고 알맞은 답을 고르세요.

밴드부 공연

1. 무엇을 계획하고 있나요? ──────────── (   )
   ① 밴드부 공연   ② 댄스 경연 대회

언제: 9월 22일(금) 오전 10시

2. 공연을 언제 하나요? ──────────── (   )
   ① 오후 10시   ② 오전 10시

어디서: 시청각실

3. 공연을 어디에서 하나요? ──────────── (   )
   ① 시청각실   ② 과학실

공연곡: 오리 날다, 마리아

4. 공연곡은 무엇인가요? 모두 고르세요. ──────── (   ),(   )
   ① 아빠, 힘내세요!   ② 오리 날다   ③ 마리아

공연 의상

공연할 때 입을 옷을 정했어요.

남자는 파란색 셔츠와

검정색 바지를 입기로 했어요.

여자 보컬은 원피스를 입어요.

다음 글을 읽고 알맞은 답을 쓰세요.

공연할 때 입을 옷을 정했어요.

1. 무엇을 정했나요? ·· (   )

  ① 공연할 때 입을 옷   ② 공연하는 시간

남자는 파란색 셔츠와 검정색 바지를 입기로 했어요.

2. 남자는 무슨 색 셔츠를 입나요? ······························· (   )

  ① 빨간색 셔츠   ② 파란색 셔츠

여자 보컬은 원피스를 입어요.

3. 원피스를 입은 사람은 누구인가요? ····················· (   )

  ① 여자 보컬   ② 남자 연주자

다음 글을 읽고 알맞은 옷을 <보기>에서 찾아 쓰세요.

<보기>

원피스   티셔츠   셔츠   바지

1. 위에 입는 옷이에요. 움직이기 편해요.

   민수는 [| |] 를 입고 운동을 해요.

2. 이모의 결혼식이에요.

   소영이는 [| |] 를 입고 가요.

3. 아래에 입는 옷이에요. 치마보다 활동하기 편해요.

   진호는 [|] 를 갈아입고 축구 시합을 하러 나갔어요.

4. 발표회에서 사회를 맡았어요.

   사회자는 양복 안에 [|] 를 입기로 했어요.

옷차림을 보고 어울리는 신발을 찾아 연결해 보세요.

 •   •

 •   •

 •   •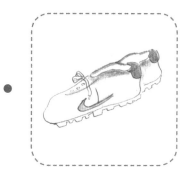

 •   •

밴드부 공연하는 날

무대에 밴드부가 올랐습니다.

관객들이 많이 왔습니다.

지상이네 부모님도 오셨습니다.

관객들과 함께 박수를 치며

노래를 불렀습니다.

지상이는 행복했습니다.

월　　　　일　　　　요일　　 확인

 다음 글을 읽고 알맞은 답을 고르세요.

무대에 밴드부가 올랐습니다.

1. 밴드부가 어디에 올라갔나요? ····················· (　　　　)

　① 다리　　　　　　　　② 무대

관객들이 많이 왔습니다.

2. 공연을 보러 온 사람들을 무엇이라고 하나요? ··········· (　　　　)

　① 관객들　　　　　　　② 친척들

지상이네 부모님도 오셨습니다.

3. 누가 공연을 보러 오셨나요? ····················· (　　　　)

　① 할아버지, 할머니　　② 부모님

 다음 글을 읽고 알맞은 답을 쓰세요.

관객들과 함께 박수를 치며 노래를 불렀습니다.

1. 관객들과 무엇을 했나요? 모두 고르세요. ⋯⋯⋯⋯⋯ (   ),(   )

① 박수를 쳤습니다.

② 공을 찼습니다.

③ 춤을 추었습니다.

④ 노래를 불렀습니다.

지상이는 행복했습니다.

2. 누가 행복했습니까? ⋯⋯⋯⋯⋯⋯⋯⋯⋯⋯⋯⋯⋯⋯⋯ (   )

① 지상

② 지현

월   일   요일   확인

 글을 읽고 낱말을 〈보기〉에서 찾아 쓰세요.

〈보기〉

무대

공연

관객

부모님

1. 많은 사람 앞에서

   음악이나 연극을 보여 주는 것이에요.

2. 아버지와 어머니를 함께

   높여 부르는 말이에요.

3. 음악이나 연극 등의 공연을 하기 위해

   만들어 놓은 곳이에요.

4. 공연이나 운동경기 등을

   구경하는 사람이에요.

 내가 가장 하고 싶은 일은 무엇인지 그림을 그리고 문장을 써 보세요.

나는 _____ 을 하고 싶습니다.

나는 _____ 때 행복합니다.

월   일   요일   확인

 순서에 주의하며 닿소리를 읽고 써 보세요.

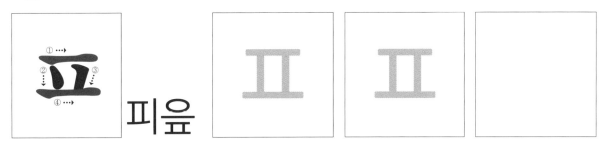

피읖   ㅍ   ㅍ

 큰 소리로 읽으면서 바르게 써 보세요.

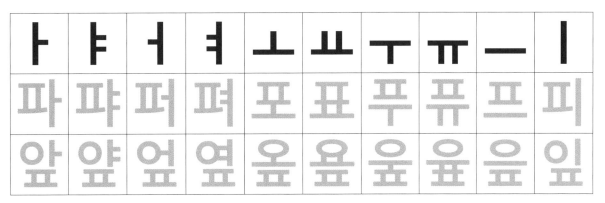

ㅏ	ㅑ	ㅓ	ㅕ	ㅗ	ㅛ	ㅜ	ㅠ	ㅡ	ㅣ
파	퍄	퍼	펴	포	표	푸	퓨	프	피
앞	얖	엎	옆	옾	욮	웊	윺	읖	잎

 'ㅍ'이 들어가 있는 낱말에 ○ 해 보세요.

밀짚모자   색소폰   피아노

아이스크림   원피스   토마토

'ㅍ'이 끝소리로 쓰이는 낱말을 읽고 써 보세요.

숲
ㅅㅜㅍ
숲

나	뭇	잎
ㄴㅏ	ㅁㅜㅅ	ㅇㅣㅍ
나	뭇	잎

높	습	니	다
ㄴㅗㅍ	ㅅㅡㅂ	ㄴㅣ	ㄷㅏ
높	습	니	다

연극 포스터

극단 뿌리 깊은 나무

해와 달이 된 오누이

★ 시간: 8월 6일 화요일

오전 11시, 오후 2시

★ 장소: 하늘 소극장

* 전화로 예약하세요. (☎ 703-1111)
* 공연이 끝나면 배우와 함께 사진을 찍을 수 있습니다.

다음 글을 읽고 알맞은 답을 찾아보세요.

극단 뿌리 깊은 나무

1. 극단 이름은 무엇인가요? ·································· (   )

   ① 샘이 깊은 물   ② 뿌리 깊은 나무

해와 달이 된 오누이

2. 공연 제목은 무엇인가요? ·································· (   )

   ① 해와 달이 된 오누이   ② 은혜 갚은 호랑이

시간: 오전 11시, 오후 2시

3. 공연은 몇 번 하나요? ·································· (   )

   ① 한 번   ② 두 번

4. 공연 시간은 언제인가요? ·························· (   ),(   )

   ① 오후 7시   ② 오전 11시   ③ 오후 2시

장소: 하늘 소극장

5. 공연은 어디에서 하나요? ·································· (   )

   ① 하늘 소극장   ② 주민자치센터

다음 글을 읽고 알맞은 답을 찾아보세요.

전화로 예약하세요.

1. 무엇으로 예약하나요? ·· (　　　)
　　① 편지　　　　　　　　　　② 전화

☎ 703-1111

2. 예약 전화번호를 고르세요. ······································ (　　　)
　　① 703-1111　　　　　　　② 703-4567

공연이 끝나면 배우와 함께 사진을 찍을 수 있습니다.

3. 공연이 끝나면 누구와 함께 사진을 찍을 수 있나요? ····· (　　　)
　　① 배우　　　　　　　　　　② 야구선수

4. 공연이 끝나면 배우들과 무엇을 찍을 수 있나요? ············ (　　　)
　　① 사진　　　　　　　　　　② 도장

5. 언제 배우들과 사진을 찍을 수 있나요? ······················ (　　　)
　　① 밥을 먹으면　　　　　　② 공연이 끝나면

 낱말의 뜻을 알아보세요.

배우: 영화나 연극에 등장하여 연기하는 사람
내가 좋아하는 배우는   입니다.

오누이: 오빠와 여동생, 남매
세현이와 세영이는   입니다.

 낱말의 뜻과 어울리는 그림을 연결해 보세요.

오누이 •

배우 •

•

•

연극을 보고 나서

오빠는 달이 되었고

누이는 해가 되었지.

호랑이는 어떻게 됐냐고?

수수밭에 떨어져 죽었대.

호랑이가 피를 흘려서

수수가 빨갛게 되었대.

다음 글을 읽고 알맞은 답을 찾아보세요.

오빠는 달이 되었고

1. 오빠는 무엇이 되었나요? ································· (   )

① 해   ② 달   ③ 별

2. 누가 달이 되었나요? ··································· (   )

① 오빠   ② 누이   ③ 호랑이

누이는 해가 되었지.

3. 누이는 무엇이 되었나요? ······························ (   )

① 해   ② 달   ③ 별

4. 누가 해가 되었나요? ··································· (   )

① 오빠   ② 누이   ③ 호랑이

5. 오누이는 무엇이 되었나요? ·························· (   )

① 해와 달   ② 달과 별

월   일   요일   확인

 다음 글을 읽고 알맞은 답을 찾아보세요.

호랑이는 어떻게 됐냐고? 수수밭에 떨어져 죽었대.

1. 누가 수수밭에 떨어져 죽었나요? ·· (   )

　① 오빠　　　　　　② 누이　　　　　　③ 호랑이

2. 호랑이는 어떻게 됐나요? ·· (   )

　① 떨어져 죽었대.　　　　　② 별이 되었대.

3. 호랑이는 어디에 떨어져 죽었나요? ·································· (   )

　① 텃밭　　　　　　② 수수밭

호랑이가 피를 흘려서 수수가 빨갛게 되었대.

4. 누가 피를 흘렸나요? ·· (   )

　① 오빠　　　　　　② 누이　　　　　　③ 호랑이

5. 무엇이 빨갛게 되었나요? ·· (   )

　① 수수　　　　　　② 팥

6. 수수가 어떻게 되었나요? ·· (   )

　① 빨갛게 되었어요.　　　　② 누렇게 익었어요.

은수의 전화

은수: 여보세요? 경민아, 나 은수야.

경민: 그래, 은수야. 무슨 일이야?

은수: 내일 같이 영화 볼래?

경민: 좋아. 몇 시에, 어디로 가면 돼?

은수: 10시에 재미나 영화관에서 보자.

경민: 알았어. 그럼 내일 보자.

선생님께 한마디 아이들과 전화 놀이를 해 보세요. 누구와 통화할지, 무슨 이야기를 나눌지 대화를 나눈 후 직접 통화를 하게 해 주세요.

다음 글을 읽고 알맞은 답을 골라 보세요.

은수: 여보세요? 경민아, 나 은수야.

1. 누가 누구에게 전화를 걸었나요? ──────── (   )
   ① 은수가 경민이에게   ② 경민이가 은수에게

은수: 내일 같이 영화 볼래?

2. 언제 영화를 보려고 하나요? ──────── (   )
   ① 오늘   ② 내일

3. 은수가 무엇을 하자고 말하였나요? ──────── (   )
   ① 숙제를 하자고 말했다.   ② 영화를 보자고 말했다.

은수: 10시에 재미나 영화관에서 보자.

4. 몇 시에 만나기로 했나요? ──────── (   )
   ① 10시   ② 11시

5. 어디에서 만나기로 했나요? ──────── (   )
   ① 재미나 영화관   ② 재미나 도서관

영화관에 왔어요

은수와 경민이는 영화관에 왔어요.

너무 보고 싶었던 영화라서 신이 났네요.

재미나 영화관

개구쟁이 스머프 (3D-우리말 녹음)

2018-08-04(일)   3관 1회 10:15 ~ 12:05

C열   12번   어린이   10,000원

'3D영화'는 특수한 안경을 끼고 보는 입체영화입니다.

영화표를 보고 알맞은 답을 골라 보세요.

재미나 영화관

개구쟁이 스머프 (3D-우리말 녹음)

2018-08-04(일)   3관 1회 10:15 ~ 12:05
C열   12번   어린이   10,000원

1. 무슨 영화를 보나요? ·································· (   )
   ① 개구쟁이 데이빗   ② 개구쟁이 스머프

2. 영화를 보기 위해 어디로 가야 하나요? ··············· (   )
   ① 1관   ② 3관

3. 영화는 몇 시에 시작하나요? ······················· (   )
   ① 10시 15분   ② 12시 05분

4. 영화관에서 앉을 자리는 어디인가요? ················ (   )
   ① C열 12번   ② F열 30번

영화를 보고 영화표를 붙이거나 기억나는 장면을 그리고 내용을
적어 보세요.

날짜	
장소	
제목	
재미있었던 점	

영화관 예절

1. 쓰레기는 쓰레기통에 버려 주세요.

2. 앞좌석을 발로 차지 말아 주세요.

3. 휴대폰을 꼭 꺼 주세요.

다음 글을 읽고 알맞은 답을 골라 보세요.

영화관 예절

1. 어디에서 지켜야 하는 예절인가요? —————— (   )

   ① 문방구   ② 놀이동산   ③ 영화관

   쓰레기는 쓰레기통에 버려 주세요.

2. 쓰레기는 어디에 버려야 하나요? —————— (   )

   ① 쓰레기통   ② 우체통

   앞좌석을 발로 차지 말아 주세요.

3. 무엇을 발로 차지 말아야 하나요? —————— (   )

   ① 앞좌석   ② 뒷사람

   휴대폰을 꼭 꺼 주세요.

4. 무엇을 꼭 꺼 두어야 하나요? —————— (   )

   ① 휴지통   ② 휴대폰

관계있는 것 끼리 연결해 보세요.

빈칸에 알맞은 말을 써서 문장을 완성해 보세요.

쓰레기는 [image] ☐☐☐☐ 에 버려요.

[image] ☐☐ 는 우체통에 넣어요.

아이스크림은 [image] ☐☐☐ 에 보관해요.

[image] ☐☐ 은 필통에 넣어요.

전시회 포스터

불멸의 화가 고흐 전시회

기간: 7.17 ~ 9.30

장소: 예술의 전당 미술관

문의: 1588-1234

가격: 성인 15,000원   어린이 8,000원

* 월요일은 휴관입니다.

다음 글을 읽고 질문에 알맞은 답을 찾아보세요.

불멸의 화가 고흐 전시회

1. 누구의 전시회인가요? ································ (   )
   ① 고흐 전시회   ② 고갱 전시회

2. 고흐의 직업은 무엇인가요? ···················· (   )
   ① 지휘자   ② 화가

장소: 예술의 전당 미술관

3. 어느 미술관에서 전시를 하나요? ············ (   )
   ① 예술의 전당 미술관   ② 현대 미술관

기간: 7.17 ~ 9.30

4. 전시회를 볼 수 있는 날짜를 모두 고르세요. ········· (   ),(   )
   ① 7월 15일   ② 8월 10일   ③ 8월 30일   ④ 10월 1일

월요일은 휴관입니다.

5. 휴관일은 언제입니까? ···························· (   )
   ① 월요일   ② 일요일

 낱말의 뜻을 알아보세요.

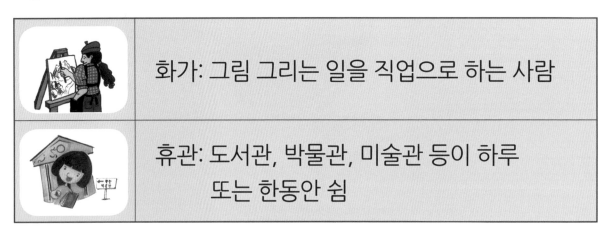

	화가: 그림 그리는 일을 직업으로 하는 사람
	휴관: 도서관, 박물관, 미술관 등이 하루 또는 한동안 쉼

 빈칸에 알맞은 낱말을 쓰세요.

1. 어린이 박물관은 매주 월요일에 ☐☐ 합니다.

2. 나는 커서 고흐처럼 멋진 ☐☐ 가 되고 싶어요.

3. 도서관 확장 공사로 ☐☐ 합니다.

관람 예절을 지켜요

	여기는 미술관입니다.
	사진을 찍지 마시오.
	그림에 손대지 마시오.
	음식물을 가져오지 마시오.

글마중을 보고 표지판과 설명을 연결하세요.

   •

•   여기는
    미술관입니다.

   •

•   사진을
    찍지 마시오.

   •

•   그림에
    손대지 마시오.

   •

•   음식물을
    가져오지 마시오.

다음 글을 읽고 질문에 알맞은 답을 찾아보세요.

   여기는 미술관입니다.

1. 여기는 어디인가요? ·· (   )
    ① 미술관   ② 아파트

2. 〈미술관〉 그림 표지판은 무엇인가요? ······························ (   )
    ①   ②

   사진을 찍지 마시오.

3. 무엇을 찍으면 안되나요? ·· (   )
    ① 스탬프   ② 사진

4. 〈사진을 찍지 마시오〉 그림 표지판은 무엇인가요? ······· (   )
    ①    ②

 다음 글을 읽고 질문에 알맞은 답을 찾아보세요.

      그림을 만지지 마시오.

1. 무엇을 만지지 말아야 할까요? ················· (   )

   ① 그림   ② 신발

2. 〈그림을 만지지 마시오〉 그림 표지판은 무엇인가요? ···· (   )

   ①

   ②

      음식물을 가져오지 마시오.

3. 무엇을 가져오면 안되나요? ················· (   )

   ① 공책   ② 음식물

4. 〈음식물을 가져오지 마시오〉 그림 표지판은 무엇인가요? (   )

   ①

   ②

관찰일지

관찰자	4학년 4반 정재민
일시	8월 3일 금요일
장소	순천만 천문대
본 것	천체망원경으로 별을 보았다.
생각한 것	별이 반짝거리는 소금같다.

다음 글을 읽고 알맞은 답을 골라 보세요.

관찰 일지	
관찰자	4학년 4반 정재민
일시	8월 3일 금요일

1. 주변에 있는 것을 자세히 살펴보고 쓰는 글을 무엇이라고 하나요?
   .... (   )
   ① 관찰 일지   ② 연습 일지

2. 관찰한 사람을 무엇이라고 하나요? .... (   )
   ① 관찰자   ② 장소

3. 언제 관찰했나요? .... (   )
   ① 12월 31일   ② 8월 3일

다음 글을 읽고 질문에 알맞은 답을 찾아보세요.

장소	순천만 천문대
본 것	천체망원경으로 별을 보았다.
생각한 것	별이 반짝거리는 소금 같다.

1. 어디에 다녀왔나요? ·· (   )

   ① 천문대   ② 영화관

2. 천체망원경으로 무엇을 보았나요? ···················· (   )

   ① 별   ② 영화

3. 무엇으로 별을 보았나요? ································· (   )

   ① 천체망원경   ② 안경

4. 별이 무엇 같다고 생각했나요? ························· (   )

   ① 반짝거리는 소금   ② 반짝거리는 보석

월   일   요일   확인

 관찰하고 싶은 것을 골라 관찰 일지를 써 보세요.

관찰자	____학년 ____반 이름:_____
일시	____월 ____일 ____요일
장소	
본것	
생각한 것	

 순서에 주의하며 닿소리를 읽고 써 보세요.

히읗

 큰 소리로 읽으면서 바르게 써 보세요.

ㅏ	ㅑ	ㅓ	ㅕ	ㅗ	ㅛ	ㅜ	ㅠ	ㅡ	ㅣ
하	햐	허	혀	호	효	후	휴	흐	히
앙	양	엉	영	옹	용	웅	융	응	잉

 'ㅎ'이 들어가 있는 낱말에 ○ 해 보세요.

할아버지   색소폰   피아니스트

텔레비전   분홍색   호박

 낱말을 읽고 써 보세요.

결	혼

휴	양	림

할	아	버	지

 낱자들을 더해서 써 보세요.

첫소리	+	가운뎃소리	+	끝소리	=	글자
ㅎ	+	ㅕ	+		=	혀
ㅎ	+	ㅏ	+	ㄱ	=	학
ㅎ	+	ㅐ	+		=	해
ㅎ	+	ㅗ	+	ㄱ	=	혹

'ㅎ'이 끝소리로 쓰이는 낱말을 읽고 써 보세요.

넣	습	니	다
ㄴㅓㅎ	ㅅㅡㅂ	ㄴㅣ	ㄷ ㅏ
넣	습	니	다

사	이	좋	게
ㅅㅏ	ㅇㅣ	ㅈㅗㅎ	ㄱㅔ
사	이	좋	게

좋	아	하	다
ㅈㅗㅎㅇㅏ		ㅎㅏ	ㄷㅏ
좋	아	하	다

마음대로
그려 보세요

좋아하는
노랫말을
써 보세요